Palabres et Salades

www.facebook.com/poemesvictor

Copyright © victor zabatt, 2022

Édition : BoD – Books on Demand, info@bod.fr

Impression : BoD – Books on Demand,

In de Tarpen 42, Norderstedt (Allemagne)

Impression à la demande

ISBN : 978-2-3224-0783-5

Dépôt légal : Juillet 2022

Au clair de la brume

Au clair de la brume

Je suis dans le ruisseau,

J'ai laissé des tunes

Chez l'ami Pedro,

Ma bagnole est morte

J'ai fait un tonneau,

Je cherche la porte

Pour sortir de l'eau,

Une belle brune

M'a fait les yeux doux,

J'ai bu 15 prunes

Tout devenait flou,

Je ne sais plus son nom

Un parfum sans nom,

Une grande tige

Sur des hauts talons,

On a bu on a ri

Au milieu des amis,

Ils se sont défilés

Sans faire aucun bruit,

Dans mon crâne résonnent

Les restes d'une nuit,

Une cacophonie

Un mélange de bruits,

Il me faut rentrer

Retrouver mon lit,

La patronne m'attend

J'ai peur de ses cris,

Je change de fruit

Je passe à la pomme,

Pour un jus de fruit

Ta vie déraisonne.

Célèbre

Je ne serai jamais célèbre

Je n'ai pas les bons verbes

Après tout je m'en fous

J'irai jusqu'au bout,

Encore des choses à dire

À lire ou à écrire

Je respire ce monde

Des roses et puis des tombes,

Je garde ma liberté

Ma parcelle dorée

Je pourrais être immonde

Ou simplement aimer,

Je ne pourrais rien changer

Derrière mon clavier

Offrir de l'amour

Et mourir un jour,

Je vous aime et l'on s'aime

Une vague qui avance

Je tire ma révérence

Aux âmes arrogantes,

Je ne serai jamais célèbre

La planète s'en moque

Il reste dans mon cœur

Un amour qui rend fou.

C'est quoi ?

C'est quoi la vie ?

Une pomme qui flétrit

De la peau douce à la compote

C'est quoi la mort ?

Une porte qui se referme

L'éternité d'un tour de clé

C'est quoi l'amour ?

Une étincelle ou un brasier

Une pâquerette que l'on émiette

C'est quoi la haine ?

De la bave sur les lèvres

De la hargne pour qu'il crève

La poésie c'est quoi ?

La tête dans les étoiles

Une épuisette à rêveries.

Cinq heures

Il est cinq heures

Le réveil sonne,

Ses yeux s'éveillent

Ils papillonnent,

Les lueurs se mélangent

Derrière sa fenêtre,

Le monde se réveille

Se déploie en douceur,

Une lumière feutrée

Se projette sur le mur,

Des ombres tamisées

Le calme s'est invité,

La fumée s'étire

Sa première cigarette,

Un moka bien tassé

Agréable coup de fouet,

Sur la table un croquis

Des crayons égarés,

Un visage couché

Sur un bout de papier,

Les yeux égarés

Devant cette télé,

Le monde est en colère

Une sombre journée,

Personne à qui parler

Pour décrire sa rage,

Le chien qu'il faut sortir

Avant qu'il n'enrage,

La vaisselle entassée

Dans un coin de la table,

Une nappe fleurie

Pour un semblant de vie,

Elle déambule

Dans la maison,

Un coup de peigne

Une touche de fard,

L'horloge tourne

Les aiguilles s'empressent,

Elle rêve chaque nuit

D'une vie de princesse,

Le labeur la sueur

Prisonnière du temps,

Sacrifices obligés

La vie n'est pas tendre,

Écrasante solitude

Mélange d'incertitudes,

Une bulle fermée

Qu'il faudra crever.

Éternel

Les amants égarés

Se cherchent dans les rêves,

Des songes tamisés

Chair et volupté,

Ils promènent leurs âmes

Dans des frasques libertines,

Les souvenirs s'enchaînent

Les effluves renaissent,

Elle coule dans leurs veines

Cette fougue soudaine,

L'amour et la haine

Deux guerriers sans pitié,

La raison a vaincu

Les cœurs se sont tus,

Derrière ce silence

Un amour éternel.

Furtive

Il est vingt heures le temps s'arrête

Fini journée je dois rentrer,

Un costume gris comme ma vie

Une silhouette sans interdits,

Dans cette gare qui déborde

Une fourmilière d'empressés,

On s'engouffre et on s'entasse

La fièvre monte, voilà une place,

Dans ce wagon bigarré

Un fumet de fin de journée,

Un nuage qui se déplace

Une vapeur qui sent la crasse,

J'observe la foule très impatiente

Les yeux plongés dans le virtuel,

Des livres fades ou brillants

Certains rêvent un court instant,

En face de moi comme un éclair

Une jolie femme au teint très clair,

Des traits dessinés au crayon

Pas une rature, la perfection,

Le train défile à vive allure

Ses yeux se perdent dans cette flopée,

Je m'égare dans toutes ses formes

L'œil avisé de tous les hommes,

Je voudrais croiser son regard

Et dérober ses grands yeux noirs,

Sur ses lèvres je devine

Un reflet rose et humide,

Un instant je réalise

Que ce train va bien trop vite,

Je suis seul et pas pressé

Elle va bientôt m'abandonner,

Elle ouvre son sac de cuir brillant

De longs doigts aux ongles peints,

Un miroir très élégant

Un reflet ensorceleur,

La fatigue m'a gommé

Mes yeux cernés se sont fermés,

Je nous voyais déjà en blanc

Au milieu du sacrement,

Je divaguais dans mon sommeil

Ébloui par ce soleil,

Une vie en toute en couleur

Un déluge d'enchantement,

Le train est arrêté

Je ne suis plus bercé,

Mon égérie est partie

Dispersée dans la nuit,

À mon prochain voyage

Je reprendrai ma vie,

Un mélange d'espérance

Et d'amante furtive.

Je croyais

Je croyais que la terre

C'était le paradis,

Je croyais que la mer

N'était que sable blanc,

Je croyais que l'argent

Ne salissait pas les mains,

Je croyais que demain

On se tiendrait la main,

Je croyais que le ciel

Resterait toujours bleu,

Je croyais que mon père

Me rendrait heureux,

Je croyais que ma mère

N'aurait jamais de bleu,

Je croyais que la guerre

N'était qu'à la télé,

Je croyais que l'enfer

C'était un grand brasier,

Je croyais que les anges

Je leur ressemblerai,

Je croyais que les jours

Je les verrai toujours,

Je croyais que la nuit

Les fantômes arrivaient,

Je croyais qu'à la guerre

On pillait les boutons,

Je croyais que mourir

C'était juste pour rire,

Je croyais que les filles

Embrassaient tout le temps,

Je croyais que les roses

Ne piquaient que les grands,

Je croyais que les abeilles

N'étaient que des méchantes,

Je croyais que les docteurs

Commençaient à huit ans,

Je croyais que mes copains

N'étaient que des gens biens,

Je croyais que le futur

N'était que dans les livres,

Toutes mes croyances

Trempaient dans l'angélisme,

Croire c'est espérer

Espérer c'est vouloir

Il suffit d'y croire.

La goutte d'eau

Moi, la goutte d'eau

Je me suis échappée,

Libérée de l'emprise

De ce vieux robinet,

Le joint, ce vieux complice

Écrasé, torturé,

Un douloureux supplice

Ses jours sont comptés,

À moi la liberté

Sous un soleil radieux,

Je ne connais pas le jour

La pénombre est mon lieu,

Je me laisse guider

Sur un tuyau percé,

Le vent me poussera

Je me laisse emporter,

J'aurai pu mourir

Au pied d'un grand rosier,

Me laisser croupir

Au milieu de la vase,

J'ai choisi cette fuite

Pour finir en cavale,

Une joie éphémère

Sous une belle lumière.

La monnaie

Envoyez la monnaie

Il faut que je ripaille,

Donnez-moi s'il vous plaît

Une bouchée de mangeaille,

Assis contre ce mur

Je suis en train de cuire,

Mon assiette est creuse

Des pièces pour tenir,

Je ressemble à un clown

Le soleil m'a grimé,

Teinté comme la piquette

Des fringues bariolées,

Je chante le jour

Pour retarder mes nuits,

Quand le soleil décroche

Ma trouille se rapproche,

J'ai cassé ma dérive

Sur un écueil de pierre,

Son cœur m'a brisé

Dur comme de la pierre,

Elle était ma lumière

Mon ombre mon réveil,

J'étais son nouveau monde

Ce divin bien-aimé,

Les quatre saisons défilent

Une valse sans fin,

Je voudrais qu'elle s'arrête

Ma tête entre mes mains,

Je me suis égaré

Dans un grand labyrinthe,

Je voudrais bien sortir

Qu'on me donne la main.

La terre

La terre est sur un fil

Ça balance et ça tangue,

Équilibre précaire

Une sale odeur de guerre,

Elle rouille lentement

Elle dérouille violement,

On lui creuse des rides

Ses cernes se dessinent,

Elle souffre d'opulence

De ces pompes à billets,

De fanatiques zélés

Ces ordures à jeter,

Elle pâlit et gémit

Du vert qui jaunit,

Elle a soif elle a faim

La chaleur en festin,

De l'air s'il vous plaît

Laissez-la respirer,

Ronde comme un ballon

Prête à exploser,

Rendez-lui sa beauté

Le temps nous appartient,

Des humains moins idiots

Étancher ce déclin.

La toile

Quand l'hiver s'éteindra

Primevères et Pâquerettes

Myosotis et Aubriètes

Une toile de maître,

L'âme des poètes

Se reflète en peinture,

Ils griffonnent la toile

De mots et de ratures,

Les bourgeons et les pousses

C'est la lutte finale,

Ils s'étalent se dévoilent

S'exhibent à tous les vents,

La pudeur la maigreur

Des arbres au teint pâle,

Un badigeon de vert

Sur ces branches légères,

Les oiseaux se pavanent

Des éclats pour lui plaire,

Des chants des louanges

L'amour est un mystère,

On verra les étoiles

Au milieu de ces champs,

Un tapis de lumière

L'ombre des amants,

Derrière nos fenêtres

Un mélange de couleurs,

C'est le vert qui domine

Le rose qui sublime,

La faune et la flore

Cachés dans le décor,

Des nuances des odeurs

Un étal de splendeurs,

Les humeurs les déprimes

Les Licornes qui se cherchent,

C'est le temps de la cure

Un printemps qui rassure.

L'automne

Nouvelle saison

Qui vient d'éclore,

Je la surprends

De ma fenêtre,

Les feuilles froissées

Vont disparaître,

Un tourbillon

Et puis s'en vont,

Des nuances

Sur la grande toile,

Le jaune s'installe

Il se dévoile,

Une harmonie

Un déguisement,

Un ton qui glisse

Lentement,

Les jours s'épuisent

Posément,

Les nuits s'étirent

Lentement,

La lune et les étoiles

Grignotent la lumière,

Le soleil va céder

À l'hiver qui va naitre.

Le rêve

Le nez à la fenêtre

Enroulé dans sa couette,

Romance ou amertume

Un épisode furtif,

Une pochète surprise

Heureux ou affligeant,

Il t'enflamme ou te brise

Il n'en fait qu'à sa guise,

Une esquisse lointaine

Une attente incertaine,

Joindre les deux mains

Une croyance en sursis,

Une source d'espoir

Juste fermer les yeux,

On le touche du doigt

Avant qu'il ne s'égare,

Un amour qui attend

Au milieu du printemps,

Une fable entamée

Frénésie enflammée.

Les amants

Les amants enlacés effleurent la nuit

Sur ce voile étoilé les astres scintillent

Un vent tiède et léger frôle les épidermes

Il s'engouffre sous la soie douce convoitise.

Ils crayonnent leur histoire accrochés à leurs rêves

Idéal d'un soir, les bourgeons dune trêve

Ils nourrissent l'instant de verbes libertins

Des balivernes tendres suprêmes gourmandises.

La soupe à la grimace ne fait plus recette

Ils sont dans la mélasse, les bouches en fête

La lumière rayonne sur ces corps immobiles

Elle distille une fièvre, charnel pressentiment.

Des lueurs se mélangent aux regards échangés

Les ombres s'animent, une lune complice

Les sentiments bourgeonnent, connivence sacrée

L'amour s'écrit parfois sur des voies interdites.

Les ferveurs tarissent lorsque les songes s'achèvent.

Les écoliers

Sur le chemin des écoliers

On se partage les secrets,

On se tiraille on se chamaille

Les rires fusent comme la mitraille,

Des serments des balivernes

Des amours des joues rosées,

Des écorchés des mal-peignés

La vie s'écrit sur la chaussée,

Des cris des larmes des cœurs qui pleurent

Les premières armes vers le bonheur,

Premiers baisers premières saveurs

On se regarde les yeux baissés,

Sur le chemin des écoliers

On avance dans l'insouciance,

Un refuge intemporel

Une richesse de l'existence.

Ma Licorne

Ma licorne, ma muse

Mon glucose j'en abuse

Elle s'invite et m'inspire

Un filon d'égarements,

Un amas de songes

Aimante convoitise

J'ai gravé sur ma peau

Une histoire sans fin.

Ma rose

J'ai déposé ma rose

Dans un tube d'opaline,

Dualité complice

Fugace magnificence,

Un bouton en éveil

Un apparat charmeur,

Illusoire éclat

Fragrance exaltante,

Des griffes accrochées

Sur sa ligne de vie,

Les amours écorchés

Sempiternelle balafre,

J'offrirai cette rose

À celle qui me poursuit,

Je suis prêt à saigner

Avant qu'elle ne s'enfuit.

Madame

Ne partez pas Madame

Dans ma vie il fait froid,

Une flamme pour mon âme

J'ai les veines qui glacent,

Donnez-moi de la fièvre

Dans les matins légers,

Enroulés dans les draps

Enserrés dans nos bras,

La lune et le soleil

Nos horloges sacrées,

On écrira des pages

Un léger goût salé,

Je vous dirai encore

Ne partez pas demain,

Dans ce joli décor

La suite nous appartient.

L'abeille

Je veille sur le monde

Ne me bousculez pas,

Je fais naître les fleurs

J'étale les couleurs,

Un pilleur de nectar

Je détrousse les éclats,

Je tournoie je m'envole

Au gré de mes envies,

Un costume rayé

Pour me faire remarquer,

Un charme bigarré

On s'affole on raffole,

Un sucre aux milles saveurs

Ce miel tant désiré,

J'ai sacrifié ma vie

Pour ma reine chérie.

Mon petit doigt

Mon petit doigt m'a dit

Écoute tes envies,

Dévore ce qu'il reste

Un festin pour la fin,

Lève les yeux au ciel

Les nuages défilent,

Ils ressemblent à ta vie

Tes années se débinent,

Regarde les oiseaux

Ils effleurent les cieux,

Ils se laissent porter

De nouveaux horizons,

Mets le cap au nord

Tu trouveras ton or,

Tes rêves tes secrets

Ta mine de trésor,

Souffle cette braise

Attise la chaleur,

Le bonheur refroidit

Quand la flamme réduit.

Mon village

Là haut dans mon village

Le temps s'est arrêté,

On parle des nuages

Et des fleurs des prés,

L'assemblée se déchaîne

Aux abords du comptoir,

Des discours de reine

Pour faire rire l'histoire,

Quand arrive le soir

La place se remplit,

C'est le temps des ragots

Des jurons, on m'a dit,

Les visages d'enfants

Se mélangent aux ainés,

Ils écriront l'histoire

Pour que vive le passé,

Des ruelles étroites

Des couleurs chamarrées,

Les murs craquelés

Se moquent des saisons,

Le clocher nous rappelle

Jusqu'à l'obscurité,

L'ombre et la lumière

Se battent pour exister,

L'hiver et l'été

Des rigueurs qui assomment,

Le printemps et l'automne

Des peintures enchantées,

Là haut dans mon village

Je me suis arrêté,

J'ai posé mes bagages

Jusqu'à perpétuité.

Nous

Je te tiens

Tu m'enlaces

On s'embrasse

La fusion,

Tu me parles

Je t'accueille

Je t'admire

C'est l'union,

Tu souris

À ma vie

À nos nuits

La passion,

Tu délires

Tu respires

Nos parfums

Ébullition,

Je t'écris

Je te lis

Exalté

Dévotion,

On se perd

Se retrouve

Un sillon

Possession.

Le pot de colle

Il est là, présent

Il attend,

Il s'éloigne

Il n'est jamais content,

Il voudrait s'accrocher à sa peau

Respirer son air, ses vêtements,

Partager chaque instant

Épier tous ses gestes,

Savourer ce qu'elle aime

S'accrocher à sa veste,

Marcher quand elle s'en va

Se goinfrer des ses mets,

Écouter ses balivernes

Pleurer toute sa peine,

Reluire quand elle brille

De ses toiles éclatantes,

Dévorer tous ses mots

Ses lignes de tendresse,

Des sourires quand elle s'ennuie

Des soupirs quand elle sourit,

Marquer son fond de teint

De lèvres empressées,

Serrer très fort sa main

Des rêves pour demain,

Donner son cœur

Sa chemise et le reste,

En échange d'un bécot

D'un amour en confesse.

Romance

Un brin de sagesse

Sur un air de paresse,

Une musique langoureuse

Le soleil nous caresse,

Allongés dans le pré

Des nuages en cavale,

Les regards dans le vide

Un prélude idéal,

Une mosaïque de fleurs

Des herbes un peu folles,

Dans une farandole

Au gré d'un vent léger,

Une fauvette hardie

Nous conte fleurette,

Elle siffle à tue-tête

Un couplet enchanteur,

Blottis dans notre bulle

L'horloge s'est arrêtée,

Les aiguilles figées

Savoureuses minutes,

Des palabres mélodieux

On exhibe nos sourires,

On suffoque d'envies

Ces carences exquises,

Un ange s'est posé

Sur un bout de ma vie,

Ses mots m'éclaboussent

L'aurore d'une romance,

Des tirades veloutées

Des promesses sacrées

Les voiles sont levés

Des binettes radieuses,

Les heures qui s'égrainent

Dévorent notre oxygène,

La lune fait des siennes

Une curieuse empressée.

Sans toi

Une journée sans toi,

C'est un arbre sans ombre

Une nuit sans lumière

Une lune sans croissant

Un soleil sans reflets

Une pluie sans éclats

Une vague sans bruit

Une école sans cris

Des piafs sans sérénades

Une fleur sans pastel

Une larme sans sel

Ta main sans la mienne

Tes lèvres sans miel

Il me manque une page.

Mes bras

Dans mes bras tu t'enfonces

Tu t'enlises tu roupilles,

Tu babilles et tu fronces

Ton visage angélique,

Toi le Petit Prince

Le foule à tes pieds,

On se penche on sourit

Les curieux font la ronde,

Tes cris et tes pleurs

Des cantiques de plaignant,

Les battements de ton cœur

Une mélodie unique,

Tes yeux cherchent la lumière

Le fil rouge d'une vie,

Le soleil et la lune

Ton horloge mécanique,

Dans mes bras, enserré

Ton monde va s'ouvrir,

Une coquille fêlée

Qu'i faudra entrouvrir,

Demain tu comprendras

Ce globe fragile,

Il te faudra batailler

L'avenir t'appartient.

Toi, moi, nous, vous

Quelques mots de toi

Une offrande pour moi,

Mes larmes sont pour toi

Mes sourires sont à toi,

Les méchants ce n'est pas nous

Les jaloux ce sont eux,

Ton corps est à moi

Cet amour est à nous,

Cette beauté est à toi

Ces yeux noirs sont à moi,

Ces tirades sont à nous

Cette bouche est à vous,

Cette odeur est à toi

Ces sueurs sont à nous,

Ce cœur d'ange est à vous

Ce mélange me rend fou,

Ces lettres sont à moi

Ces lignes sont à vous,

Cette page est pour eux

Une histoire pour nous.

Un temps

Je me nourris de toi

Ton amour et tes nuits,

Je dévore la vie

Avant qu'elle ne tarit,

Une source qui s'épuise

Quand vient le cheveu gris,

Je m'abreuve de joie

Une soif d'envie,

Je trace avec mes doigts

Ces mots exquis,

Un délice qui s'étale

Sur mes pages blanchies,

Je saute sur les draps

Je froisse nos fantaisies,

Une blancheur qui s'étire

Avide boulimie,

Des crayons de couleur

Je griffonne ton cœur,

Un carnet à dessin

Mes ébauches au matin,

J'attise le feu sacré

Pour cimenter nos rêves,

Les promesses les serments

Parfois ne durent qu'un temps.

Une amie

Une amie

Un point c'est tout,

Pour la vie

Et puis c'est tout,

Être son ombre

Un point c'est tout,

La loyauté

Et puis c'est tout,

Rire de tout

Un point c'est tout,

De l'apaisement

Et puis c'est tout,

S'écrire toujours

Un point c'est tout,

Se parler fort

Et puis c'est tout,

Nos histoires

Un point c'est tout,

Nos bouts de vie

Et puis c'est tout,

Sécher ses larmes

Un point c'est tout,

La serrer fort

Et puis c'est tout,

Vivre au présent

Un point c'est tout,

Le temps passé

N'a plus le même goût,

Des confidences

Un point c'est tout,

Tendres secrets

Et puis c'est tout,

Des apparences

Un point c'est tout,

Les regards

Nous on s'en fout,

Des complices

Un point c'est tout,

Alter ego

Et puis c'est tout,

Quelques flammes

Un point c'est tout,

Réconcilié

On reprend tout,

Une amie

Œuvre sacrée,

Sacro sainte

Divinité.

Il y a

Il y a des gens

Qui passent

Qui lassent

Qui agacent,

Il y a des gens

Qui rient

Qui sourient

Qui s'ennuient,

Il y a des gens

Qui pleurent

Qui écœurent

Des sans cœurs,

Il y a des gens

Méchants

Arrogants

Pas de gants,

Il y a des gens

Fortunés

Des fauchés

Des paumés,

Il y a des gens

Vaniteux

Orgueilleux

On ne voit qu'eux,

Il y a des gens

Qui souffrent

Qui étouffent

Malheureux,

Il y a des gens

Chanceux

Heureux

Chaleureux,

Il y a des gens

Qui courent

Qui pédalent

Qui dévalent,

Il y a des gens

Qui s'aiment

Qui salivent

Au mot j'aime,

Il y a des gens

Qui puent

Une odeur

De haine,

Il y a des gens

Qui frappent

Qui tabassent

Leur moitié,

Il y a des femmes

Qui crient

Le visage

Ensanglanté,

Il y a des gens

Qui meurent

Jamais vu

Le bonheur,

Il y a des gens

Qui aiment

Les fleurs

Et les bohèmes,

Il y a des gens

Qui peinent

Ils s'inquiètent

Pour demain,

Il y a des gens

Qui crient

La colère

Ou la joie,

Et puis il y a toi

Au milieu de tout ça,

Un visage une image

Amour intemporel,

Une source de vie

Qui jamais ne tarit.

Les souvenirs sont des parfums

Des bouts de vie que l'on respire

Des aigreurs et des senteurs

Un chemin dans son jardin.

Quand je te vois

Je ne suis plus là

Quand je ne te vois plus

Je ne vois que toi.

J'ai frotté la poussière

Sur ton portrait caché

Impossible d'effacer

Ton regard exalté.

Non, Maman

Je n'ai rien oublié

Mais il me manque

Ta peau et tes mamours

Ces adhérences élémentaires.

Un amour furtif

Les papillons foisonnent

Viscéral pérenne.

De l'amour en dessert

J'en prendrai bien deux fois.